Alle soglie della vita

Un capolavoro di Ingmar Bergman

Saggio

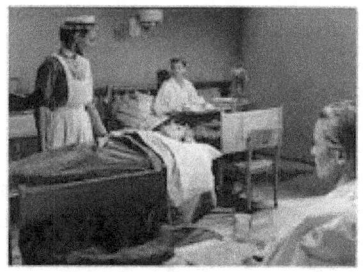

Salvatore M. Ruggiero

Alle soglie della vita
(1957)

(Titolo originale:
Nara livet

titolo in inglese:
So close to life)

a tutte le donne che hanno donato la vita.

Una frase:

"Il vantaggio delle rappresentazioni teatrali sta nel fatto che esse sprofondano nel mare dell'oblio fino a scomparire. Viceversa il cinema resta.[1] "

1   Ingmar Bergman, *Immagini.*

PRESENTAZIONE

Subito dopo il film che gli schiuse le porte dei mercati internazionali: *Sorrisi di una notte d'estate*[2], premiato a Cannes per *...l'umorismo poetico,* e i due capolavori assoluti che gli valsero la fama mondiale e un esaurimento nervoso: *Il settimo sigillo*[3], girato nel 1956 e presentato in prima mondiale il 16 febbraio del 1957 e *Il posto delle fragole*[4], girato nel 1957 e presentato in prima mondiale il 26 dicembre del 1957, Ingmar Bergman gira *Alle soglie della vita*[5].

---

2 *Sommarnattens leende.*
3 *Det sjunde inseglet.*
4 *Smulltronstallet.*
5 *Nara livet.*

Che uscirà in prima mondiale tre mesi esatti dopo la presentazione de *Il posto delle fragole*, esattamente il 26 marzo 1957.

E dopo, nemmeno, 12 anni dall'esordio nel cinema il suo *carnet* conta già 19 film e mezzo[6].

Questo film sarà un lavoro su commissione che Ingmar Bergman aveva promesso alla Sveriges Folkbiografer e lo spunto verrà dai racconti di Ulla Isaksson *La zia della morte*[7], dai

---

6   Alcuni biografi del Maestro contano anche le scene finali del film *Spasimo* (*Hets*, 1944), girate in sostituzione del regista titolare, Alf Sjoberg, indisponibile.

7   Ulla Isaksson (1916-2000), scrittrice svedese. Ha scritto sui problemi delle donne, l'amore e il divino. Conta tre collaborazioni con Ingmar Bergman: *Alle soglie della vita* (1958); *La fontana della vergine* (1959); *Il segno* (1986).

quali Ingmar Bergman trarrà grande ispirazione.[8]
Anzi, proprio da una collaborazione con la scrittrice proverrà la stesura della sceneggiatura, firmata dalla sola scrittrice.

Alle soglie della vita, tuttavia è, nella filmografia di Ingmar Bergman, un film trascurato, dal pubblico e dalla critica, probabilmente oltre i suoi (pochi) demeriti, per l'unica colpa di essere giunto immediatamente dopo i film che abbiamo già citato e immediatamente prima de *La fontana della vergine*[9] e *Il volto*[10].
Stretto quindi in una morsa

---

8   Come anche dai romanzi *Det vänliga, värdiga*; *Det orubbliga*.

9   *Junkfrukallan*, 1958.

10 *Ansiktet*, 1958.

mortale d'interesse creata da capolavori leggendari, immortali e multi premiati.

Ma come ebbe a dire lo stesso autore, *Alle soglie della vita* è *"...la storia ben raccontata di tre donne in una stanza d'ospedale. Dove la stanza non è altro che un comodo reparto di ostetricia.[11]"*

E anche l'autore di questo saggio è d'accordo con tale giudizio.

---

11 Ingmar Bergman, *Immagini.*

SINOSSI E SCENEGGIATURA

Cecilia (Ingrid Thulin), ricoverata urgentemente in ospedale con un'ambulanza, viene portata subito in camera operatoria, dove perderà il bambino di tre mesi.

"Non potrò mai dimenticare questo momento - dice Cecilia - *in cui sono stata così vicina alla vita."*

"Non ci sarebbe stato niente da fare neppure se fosse venuta prima."

Questo il lapidario responso dei medici che l'hanno assistita.

Che, poi, aggiungono.

"Tornerà tutto a posto per la prossima volta."

"Non ci sarà una prossima volta."

Replica spazientita Cecilia.

Che rivolgendosi all'infermiera Brita le spiega.

"Il bambino non era desiderato per questo non è potuto venire al mondo. Io non sono abbastanza forte: non ho avuto il coraggio di desiderarlo. Ho sempre avuta la certezza che non sarei stata capace di essere una buona moglie e una madre. So bene che Anders mi ama. Non me lo ha mai detto, ma glielo leggo negli occhi."

Dopo l'aborto, Cecilia viene trasferita in una camera dove sono ospitate altre due partorienti, Stina (Eva Dahlbeck) e Hjordis (Bibi Anderson), che naturalmente conoscerà.

La prima è una donna felice, molto legata al marito (*"siamo uniti così"*, dice all'infermiera, stringendo con forza il pugno) che attende con ansia il suo primogenito.

"Io sono il simbolo della vita che continua. Desidero tanto questo bambino. Impazzirò se non si sbriga a crescere.[12]*"*

La seconda, invece, è una ragazza madre, che sentendosi abbandonata da tutti e senza aiuto, che non vuole il bambino.

Hjördis cova la sua rabbia passando accanto alla stanza che ospita i neonati ed ancora più frustrata quando chiama il ragazzo che l'ha messa incinta, ma il ragazzo si rifiuta di andare a trovarla in ospedale.

Quando,infatti, lei per l'ultima

---

12 Stina (interpretata nel film da Eva Dahlbeck).

volta lo invita a venirla a trovare il ragazzo si rifiuta.

"Non sono il tuo fidanzato."

Hjordis: *"Però tu sei il padre. E qui mi fanno tante domande."*

"Tu non dire niente e tieni la bocca chiusa."

Replica piccato il ragazzo.

Intanto una speranza sembra giungere a Hjordis dall'assistente sociale che, durante un colloquio nel suo studio le enumera le provvidenze previste dalla legge per l'assistenza alle ragazze madri.

La invita poi a contattare i genitori e a rivelare loro l'esistenza della gravidanza che essi non conoscono ancora.

L'unica persona che pare davvero saper confortare Hjordis è l'infermiera Brita.

"Appena nati i bambini hanno tutto quello che è necessario. Sono davvero delle piccole meraviglie."

La replica di Hjordis non lascia spazio ad alcuna speranza.

"Sono disgustosi. Tutto finirà nel nulla. Non servirà a niente. Vorrei non essere mai nata."

Se non è nichilismo questo.[13]

Nella notte anche Stina viene portata in sala parto, ma il bambino non nascerà, nonostante il soccorso dei medici.

Il suo parto si era presentato subito molto difficile.

Il medico laconico le dice:

---

13 *"Sei nato senza scopo, vivi senza significato, la vita è significato a se stessa. Quando muori ti spegni. Dall'essere ti muterai in non-essere."*
(Ingmar Bergman, Lanterna magica)

"Non ce l'ha fatta a superare l'ultima fase del travaglio. E' come se la vita non lo avesse voluto."

Hjordis, invece che non voleva il bambino lo avrà e la sua nascita la farà riappacificare con la famiglia.

La madre, raggiunta dalla sua telefonata, le dice, infatti, che la accoglierà in famiglia insieme al bambino.

Hjordis: *"Sono stata molto male mamma, ora sto meglio. Avrò un bambino. Volevo abortire ma non ce l'ho fatta. Voglio avere il bambino anche se dovrò allevarlo da sola. ...Davvero posso, anche se le cose sono andate come tu temevi? Hai sentito?* (Rivolgendosi all'infermiera

Brita) *Ha detto: vieni a casa il più presto possibile."*

Hjordis avrà i soldi del treno in prestito dall'infermiera Brita e prima di andarsene ascolta la confessione amara di Cecilia:

"La vera solitudine è un'acrobazia continua: la parola è sempre in aguato dentro di te."

RECENSIONE

Finalmente, nell'autunno del 1957, per Ingmar Bergman arrivò il momento di dedicarsi alla ...nascita della vita. Sebbene c'è da dire che, contrariamente a quanto troppo frettolosamente si è indotti a pensare, in Ingmar Bergman vita e morte non sono mai momenti così radicalmente distinti e il momento della nascita non può essere considerato mai troppo lontano dal momento del trapasso. Concetto splendidamente e drammaticamente ripreso all'interno del film in oggetto.

Tuttavia, come più volte sottolineato, secondo l'autore di questa recensione non esiste nella filmografia di Ingmar Bergman una sezione dei film cd. *minori*, ma gli oltre cinquanta film del Maestro indistintamente (anche quelli meno reputati) hanno un loro ampio e singolare respiro, un loro profondo significato, un loro valore unico e irripetibile.

L'interesse per il tema della nascita della vita giunse a Ingmar Bergman, come detto, dalla lettura di alcuni racconti di Ulla Isakson (*La zia della morte*): egli ritenne che, almeno un paio di essi, avrebbero costituito un ottimo materiale per un film e su quel soggetto e con la collaborazione dell'autrice costruì una sceneggiatura *"...fluida,*

rapida e molto divertente.[14]"
La scenografia comunque è firmata dalla sola Ulla Isaksson e risente di una impostazione e da una sensibilità molto al femminile.
Lo stesso Ingmar Bergman confessò la circostanza ed ammettendo la sua condizione di uomo sprovveduto alle cose di partorienti, ammise che era stato sul punto di sentirsi male durante la lavorazione di alcune delle scene più violente.

"Quando feci Alle soglie della vita, *la situazione era un'altra. Ero responsabile delle parole di Ulla Isaksson. Dovevo maneggiare una realtà, a un tempo ben nota e lontana: donne*

---

14 Ingmar Bergman, *Immagini.*

e partorienti. Mi ritrovai letteralmente alle soglie della vita. Ci furono molti inattesi effetti collaterali: una sala con sei madri da poco sgravate e bambini piccoli; seni ingrossati e schizzi di latte acido dappertutto, le condizioni fisiche più disparate, nonché gli aspetti più ridicoli e animaleschi dell'agire umano. Mi sentivo male, e fui costretto a riferirmi alle mie proprie esperienze di padre eternamente sprovveduto, eternamente in fuga dalla realtà.[15] "

Ingrid Thulin, tra le gestanti, perderà il bambino al terzo mese di gravidanza, con grande

_____
15 Ingmar Bergman, *Immagini.*

dispendio di sangue di ...vitello[16].
In realtà, come raccontato dallo
stesso Ingmar Bergman, si
trattava *"...di sangue di bue
mescolato con un colorante
chimico per ottenere la giusta
tonalità.[17]"*

E, oltre ad Ingrid Thulin, il
personale attoriale bergmaniano è
quasi al gran completo.
Ci sono, infatti, Eva Dahlbeck,
Bibi Anderson, Max von Sydow,
Erland Josephson ed Inga
Landgrè.
Con i maschietti nervosi e
spaesati ridotti quasi al ruolo di
semplici comparse.
Ma, nonostante, l'interpretazione
di tutte le attrici fosse eccezionale

16 Ingmar Bergman, *Immagini.*
17 Ingmar Bergman, *Immagini.*

e tale da nobilitare il suo intero lavoro, Ingmar Bergman ipercritico così refertava: *"Il trucco era eccessivo; la parrucca di Eva era enorme; la fotografia* (di Max Vilèn) *a tratti misera; certi toni troppo letterari.*[18]"

Proprio a proposito di quella collaborazione con Max Vilen, direttore della fotografia, Ingmar Bergman scrisse: *"Si dimostrò un bravo e onesto artigiano, ma privo di sensibilità e di allegria. Portammo a termine la nostra triste collaborazione mantenendo una cortese tetraggine.*[19]"

Ma siccome non tutti i mali vengono per nuocere dal film successivo riprenderà la collaborazione alla direzione della

---

18 Ingmar Bergman, *Immagini.*
19 Ingmar Bergman, *Immagini.*

fotografia con Gunnar Fischer.

E' risaputo che Ingmar Bergman non amasse molto vedere i suoi lavori.
E per restare coerente con se stesso vide questo suo film solo tre volte.
All'epoca delle riprese nell'autunno del '57.
Nella sua saletta cinematografica privata di Faro, dopo quasi cinquant'anni.
E, tra le due visioni, solo un'altra volta, dopo un'intervista registrata, rilasciata a Lasse Bergstrom.
Riascoltando la registrazione si accorse che non aveva mai nominato il film, come se se ne fosse dimenticato.
Non avevo più rivisto Alle soglie

della vita da quando l'avevo fatto, nell'autunno del 1957. Questo non mi ha impedito dio parlare del film in termini negativi.

"Dopo che Lasse Bergstrom e io avemmo definitivamente spento il registratore, constatammo come Alle soglie della vita non venisse nominato una sola volta, nemmeno in una nota a piè di pagina. Eravamo d'accordo circa la stranezza di questo fatto. Mi decisi finalmente a rivedere il film. Provavo ripugnanza. Mi sentivo l'inferno dentro, senza sapere perché.[20]"

E questo particolare, curioso motivo lo indusse a rivederlo.

"Eccomi, dunque, davanti a Alle soglie della vita *come fu ascoltato*

_____
20 Ingmar Bergman, Immagini.

e visto alla prima dell'11 marzo 1958. Sedevo al buio da solo e senza essere influenzato da nessuno. Ecco ciò che vidi: una storia ben raccontata e minuziosa di tre donne in attesa in una stanza d'ospedale. L'insieme era corretto, caldo e intelligente, con una recitazione in gran parte di prima qualità. (...) Quando ebbi finito di vederlo rimasi stupito e anche un po' contrariato: quel vecchio film mi piacque subito. Era buono, ben fatto e sicuramente andava ancora bene dal momento che circolava nei cinematografi.[21] "

Non fu molto d'accordo con lui, anzi fu addirittura ipercritico il decano dei critici cinematografici

---

21 Ingmar Bergman, *Immagini*.

italiani Gian Luigi Rondi, in genere innamorato del suo cinema e sempre molto indulgente con Ingmar Bergman.

Secondo lui: "Alle soglie della vita *è una disamina verista di alcuni casi di partorienti nella quale Ingmar Bergman ha trascurato colpevolmente qualsiasi vero approfondimento psicologico, non ha minimamente ricercato conclusioni di alto significato, limitandosi all'esercitazione realista, pago di farci ammirare la sua bravura solo tecnica.[22]"*

Di tutt'altro parere il critico francese Eric Rohmer, a conferma di quanto i *Jeunes turcs* francesi

---

22 G. L. Rondi, *Rivista del Cinematografo*, 6, 1958.

abbiano amato Ingmar Bergman e nel momento in cui (quasi tutti) sono passati dietro alla macchina da presa ne abbiano ripercorso le orme.

Secondo Rohmer, infatti, *"quest'opera di Ingmar Bergman non va considerata sotto l'ottica del naturalismo e nemmeno dell'obiettività. In essa, infatti, viene privilegiato il punto di vista del personaggio interpretato da Bibi Andersson e, in generale, come in* Sogni di donna, *vi è un transfert incessante di pensieri dall'una all'altra delle protagoniste per finire in quella che, inizialmente, sollecitava meno i nostri interessi. Questo film di Bergman, autore che meno di ogni altro teme le immagini crude, ha una franchezza serena, esente da ogni intento di provocazione. Bergman è più che un incomparabile pittore della donna: egli abbatte il muro di separazione dei sessi e l'identificazione dello spettatore con il personaggio non viene costruito sulla complicità, ma sul rispetto.*[23]"

Del resto non era un altro francese *jeune turc* dei *cahiers*, Jean-Luc Godard che diceva: " *Solo Bergman è capace di filmare gli uomini come li amano ma li detestano le donne e le donne come le detestano ma le amano gli uomini.*[24]"

23 E. Rohmer, *Cahiers du Cinéma*, 94, 1959.
24 Jean-Luc Godard, *Monika, Arts,* n.680, 30
    luglio 1958.

CONCLUSIONI

Dai dialoghi e dai personaggi del film Ingmar Bergman, grazie anche alla visione (quasi) tutta al femminile della sceneggiatrice, molto esperta in problematiche femminili, la scrittrice Ulla Isaksson, sulle cui spalle cade quasi interamente la responsabilità della scrittura, fa risaltare tutta una serie di valori. Espressi come si deve in un film dove tutte le presenze più interessanti sono donne e gli uomini, come succede spesso nei film di Ingmar Bergman, restano sullo sfondo; sono comprimari se no addirittura elementi del tutto negativi

La solidarietà e l'altruismo

espressi dall'infermiera Brita.

Personaggio che risulterà molto simile a quello di Anna, l'infermiera fantesca che assiste Agnes la donna morente di cancro in *Sussurri e grida*[25].

Il valore della vita nascente come perpetuazione della specie, in generale, ma anche come prosecuzione dell'individuo che la dona e perfezionamento dell'unione matrimoniale.

Sia nella circostanza felice di Stina che in quella di Hjordis, prima negativa e pessimista; poi positiva e piena di speranza.

Anche se, contestualmente, Ingmar Bergman fornisce l'esempio del matrimonio, tra Cecilia e Anders, salvato solo

---

25 *Viskningar och rop*, 1970.

come rimedio alla solitudine individuale, dopo che era stato messo a dura prova, se non minato alle fondamenta, dall'aborto della donna.

La forza della spiritualità, della fede e della religiosità, anche se solo accennate, sono presenti in almeno due circostanze.

La prima di esse si impersona in Stina che cita il Vangelo e dichiara di voler far battezzare il figlio in chiesa.

"Credo proprio che farò battezzare il mio bambino in chiesa anche se Harry non è molto d'accordo."

La seconda impersonata nella conversione di Hjordis che dopo la sua professione di fede... rigidamente nichilistica dichiara che non è vero che tutto finirà nel nulla, non si può disporre di una vita, avuta in dono e che non rinuncerà al bambino per nessuna ragione al mondo.

Non male davvero per un ateo cristiano come spesso si dichiarava Ingmar Bergman.

"Veramente io non credo in Dio, ma la faccenda non è così semplice, tutti portiamo un Dio dentro noi stessi, tutto forma una trama che ci pare a volte di riconoscere, soprattutto al momento della morte.[26]*"*

Il film fu girato tutto in interni.

"Lo studio della Sveriges Folkbiografer era un ex salone da ginnastica lungo e stretto, situato nello scantinato di una

---

26 Ingmar Bergman, *Lanterna magica*.

vecchia e cadente casa di Ostermalm. Gli spazi circostanti erano rudimentali o inesistenti. La ventilazione era precaria: la presa d'aria era posta nel marciapiede in alto e portava all'interno i gas di scarico delle macchine. Tutto era stretto sporco e cadente. [27] "

Infine due curiosità per chiudere questo saggio.

1) Durante le riprese del film imperversava l'influenza asiatica. La troupe, in buona parte contagiata, lavorava con la febbre a 40° e con la mascherina di garza sulla bocca.

---

27 Ingmar Bergman, *Immagini*.

2) Molto spesso la troupe, per alleggerire l'animo e allentare l'eccessiva tensione, si trasferiva dietro le quinte dove erano custoditi i tubi del gas esilarante, che aveva un effetto simile a quello della droga ma di minore durata.

NOTIZIE SUL FILM

Titolo originale	*Nära livet*
Lingua originale	Svedese
Paese di produzione	Svezia
Anno	1958
Durata	84 min
Colore	B/N
Audio	sonoro (mono)
Rapporto	1,37 : 1
Genere	drammatico
Regia	Ingmar Bergman
Soggetto	Ingmar Bergman, Ulla Isaksson (anche i romanzi *Det vänliga, värdiga*; *Det orubbliga*)
Sceneggiatura	Ulla Isaksson
Casa di produzione	Inter-American Productions, Jerome Balsam Films, Nordisk Tonefilm
Fotografia	Max Wilén
Montaggio	Carl-Olov Skeppstedt
Scenografia	Bibi Lindström
Trucco	Nils Nittel

PERSONAGGI E INTERPRETI

Eva Dahlbeck, Stina Andersson

Ingrid Thulin, Cecilia Ellius

Bibi Andersson, Hjördis Petterson

Barbro Hiort af Ornäs, l'infermiera
Brita

Erland Josephson, Anders Ellius

Max von Sydow, Harry Andersson

Gunnar Sjöberg, il dottor Nordlander

Ann-Marie Gyllenspetz, l'assistente
sociale Gran

Inga Landgré, Greta Ellius

PREMI VINTI

FESTIVAL DI CANNES 1958:

PREMIO PER LA MIGLIORE REGIA

E

PREMIO COLLETTIVO PER LA MIGLIORE INTERPRETAZIONE FEMMINILE a:

Bibi Andersson,

Eva Dahlbeck,

Barbro Hiort af Ornäs

Ingrid Thulin

BIBLIOGRAFIA

Ingmar Bergman, Immagini.

Ingmar Bergman, Lanterna magica.

Olivier Assayas e Stig Bjorkman, Conversazione con Ingmar Bergman.

Salvatore M. Ruggiero, Il genio di Uppsala – Il grande cinema di Ingmar Ernst Bergman spiegato a chi lo ignora.

Aldo Garzia, Bergman, The Genius.

Antonio Costa, Ingmar Bergman.

Claudio Papini, Ben ritrovato, Ernst Ingmar!

Salvatore M. Ruggiero, *Parla con Bergman.*

INDICE

www.ingramcontent.com/pod-product-compliance
Lightning Source LLC
Chambersburg PA
CBHW071306280526
45788CB00004B/1845